CONTRIBUIÇÕES PARA A HISTÓRIA DO CRISTIANISMO PRIMITIVO

SUMÁRIO

APRESENTAÇÃO **11**
por Alberto Cantalice

PREFÁCIO **15**
por Frei Betto

CONTRIBUIÇÕES PARA A HISTÓRIA DO
CRISTIANISMO PRIMITIVO **29**

SOBRE O AUTOR **65**

APRESENTAÇÃO

A importância da dimensão humana de Cristo
Alberto Cantalice[1]

A relevância de Jesus Cristo na história, seu papel agregador, humano e vigoroso contra as atrocidades da escravização, a luxúria e o preconceito, reveste-se de tamanha importância, que seu nascimento passou a ser concebido como a nova era.

Inspirador da religião cristã – religião que desde os seus primórdios abriga corações e mentes de bilhões de pessoas – seu legado passou por muitas e controvertidas disputas: desde a generosidade de "dar o pão a quem tem fome" e "água a quem tem sede" até atrocidades cometidas em nome da fé nas Cruzadas e na Inquisição.

Várias denominações religiosas, principalmente após o "cisma" no século XVI – que deu origem ao protestantismo de Lutero, Calvino e outros –, disputam o seu legado. Na Igreja Católica, o papado de Roma, inspirado em Agostinho e Tomás de Aquino, conjugou o imanente e buscou a transcendência na

---

1   Alberto Cantalice nasceu no Rio de Janeiro, em 1964. Foi militante do Partido Comunista Brasileiro (PCB) até 1990. No início dos anos 1980, cursou formação política no Instituto de Estudos do Marxismo, na antiga União Soviética (URSS). Foi presidente do diretório estadual do Partido dos Trabalhadores (PT) do Rio de Janeiro por dois mandatos e membro da Executiva Nacional por três mandatos. Membro do Diretório Nacional é, atualmente, diretor da Fundação Perseu Abramo (FPA).

interpretação do papel do Cristo. E até hoje balizam os ensinamentos dessa Igreja.

Nesse livro *O cristianismo primitivo*, o filósofo e pensador Friedrich Engels buscou mostrar a dimensão humana do Cristo que se rebelou contra as perversas condições de vida do período, que proclamou a fraternidade e buscou uma vida mais igualitária entre os seres humanos.

Ao passo que em sua caminhada agregava em torno de suas ideias mais e mais pessoas, fazia, entretanto, um corte entre os poderes de então, expressos no Império Romano. Quando questionado sobre a excessiva cobrança de impostos disse: "A César o que é de César, a Deus o que é de Deus". Mesmo agindo para não criar embaraços com o Império, enfrentou as vicissitudes daqueles que ousam questionar o *status quo* dominante na religião de então.

Perseguido tenazmente pelos "vendilhões do templo", foi feito prisioneiro, torturado e terminou por sofrer a maior das condenações de então: a morte por crucificação.

Personagem fundamental na história, Jesus Cristo tem sua trajetória marcada por mitos, lendas e realidade. Devido às dificuldades do período histórico e pelo fato de não ter deixado escritos autorais em sua vida breve é, até os dias atuais, veículo de interpretações as mais dispares sobre o seu verdadeiro papel.

Há, inclusive, aqueles que "pregam" a palavra de Cristo, mas agem de forma totalmente diferente do pregador original. Vivendo no fausto e na riqueza, se aproveitando da boa-fé do povo cristão. Esses seriam a versão contemporânea dos fariseus, que segundo Mateus 23,27-32 mereceram a seguinte reprimenda: *"Ai de vós, escribas e fariseus hipócritas! Sois como sepulcros caiados: por fora parecem belos, mas por dentro estão cheios de ossos de cadáveres e de toda a podridão! Assim também vós por fora pareceis justos diante dos outros, mas por dentro estais cheios de hipocrisia e injustiça".*

Buscar a dimensão profundamente humanística e solidária de um personagem de tamanha envergadura histórica deve ser um compromisso de todos aqueles que fazem da luta contra as injustiças sociais e os preconceitos o sentido da vida. É esse tipo de desafio que nos faz ousar lançar uma obra que, em poucas páginas, tenta dar uma interpretação da presença de Jesus Cristo e sua preponderância milenar ao longo da nossa era.

O Cristo dos pobres, dos desvalidos. O Cristo que sabia separar o joio do trigo e fez do fim das injustiças uma profissão de fé.

Ao reeditar essa obra escrita no século XIX, mas que mostra cada vez mais sua atualidade, a Fundação Perseu Abramo (FPA) e a Expressão Popular foram buscar em Frei Betto, um cristão convicto, a veia interpretava da obra de Engels, ampliando os horizontes da obra original.

Boa leitura!

PREFÁCIO

Sobre o *Cristianismo Primitivo*, de Engels
Frei Betto[1]

Durante anos visitei países socialistas cujos governos demonstravam interesse em manter melhores relações com as instituições religiosas ali representadas[2]. Os convites à minha assessoria decorreram da repercussão impactante da entrevista que Fidel Castro me concedeu, em 1985, e na qual, pela primeira vez, um líder comunista no poder abordou, dialética e positivamente, o fenômeno religioso[3].

Surpreendeu-me, nos diálogos com dirigentes comunistas, constatar que quase nenhum deles jamais

---

1 Carlos Alberto Libânio Christo, ou Frei Betto, nasceu em Belo Horizonte, em 1944. Frade dominicano, jornalista graduado e escritor, filho do jornalista Antônio Carlos Vieira Christo e da escritora e culinarista Maria Stella Libanio Christo, autora de *Fogão de lenha - 300 anos de cozinha mineira*. Adepto da Teologia da Libertação, Frei Betto é militante de movimentos pastorais e sociais, tendo ocupado a função de assessor especial do presidente da República Luiz Inácio Lula da Silva (PT) entre 2003 e 2004. Foi coordenador de Mobilização Social do programa Fome Zero.
Autor de dezenas de livros, recebeu vários prêmios entre eles, Prêmio Juca Pato (1985), com *Batismo de sangue*; Prêmio Jabuti, da Câmara Brasileira do Livro, duas vezes: em 1982, pelo mesmo *Batismo de sangue*, e 2005, com *Típicos tipos – perfis literários*; eleito Intelectual do Ano, título dado pela União Brasileira de Escritores em 1986, por seu livro *Fidel e a religião*; Prêmio de Direitos Humanos da Fundação Bruno Kreisky, em Viena, em 1987; e Melhor Obra Infanto-Juvenil, da Associação Paulista de Críticos de Arte, por seu livro *A noite em que Jesus nasceu*, em 1988. Contato e livraria virtual: freibetto.org.

2 Ver o livro de minha autoria *O paraíso perdido – viagens ao mundo socialista*, Rio de Janeiro, Rocco, 2015.

3 *Fidel e a religião*, São Paulo, Fontanar/Companhia das Letras, 2016.

ouvira falar no livro de Friederich Engels, *Contribuições para a história do cristianismo primitivo*,[4] no qual um dos pais do marxismo antecipa a ótica expressada por Fidel de que o Cristianismo é, em sua origem, um movimento de libertação.

Engels, como Marx e Fidel, também teve formação religiosa, e escreveu dois artigos importantes sobre a religião. O primeiro, intitulado *Bruno Bauer e o cristianismo* (1882), e o segundo, a *Contribuições para a história do cristianismo primitivo*, escrito em 1895, ano de seu falecimento.

O céu na Terra

Em *A guerra camponesa na Alemanha* (1850), Engels ressalta que Thomas Münzer, "por meio da Bíblia, enfrentou o Cristianismo feudal de sua época com o despojado Cristianismo dos primeiros séculos (...). Os camponeses utilizavam este instrumento contra os príncipes, a nobreza e o clero."[5] (...) "Portanto (pensava Münzer), o céu não é algo do outro mundo, há que buscá-lo nesta vida, e a tarefa dos cristãos consiste em estabelecer aqui, na Terra, o céu que é o Reino de Deus."[6]

Engels abre seu *Cristianismo primitivo* com esta afirmação: "A história do Cristianismo primitivo

---

4   Em diversas traduções e edições consta como título resumido *O cristianismo primitivo*.

5   Assmann, *Sobre la religión*, Madrid, Sígueme, 1974, p. 211. MEW VII, p. 350-351.

6   Assmann, *Sobre la religión*, Madrid, Sígueme, 1974, p. 211.

oferece importantes pontos de contato com o movimento operário moderno. Como este, o Cristianismo era, na origem, o movimento dos oprimidos: apareceu primeiro como a religião dos escravos e dos libertos, dos pobres e dos homens privados de direitos, dos povos subjugados ou dispersos pelo Império Romano. Ambos os movimentos, o Cristianismo e o socialismo, pregam a libertação da servidão e da miséria; o Cristianismo transpõe essa libertação para o além, para uma vida após a morte, no céu; o socialismo coloca-a neste mundo mediante a transformação da sociedade. Ambos são perseguidos e cerceados; seus militantes proscritos e submetidos a leis de exceção – uns como inimigos do gênero humano, outros como inimigos do governo, da religião, da família, da ordem social. E, apesar de todas as perseguições, e mesmo diretamente favorecidos por elas, uma e outra proposta prosseguem vitoriosamente. Três séculos depois do seu nascimento, Roma reconhece o Cristianismo como religião de Estado e do Império Romano; em menos de sessenta anos, o socialismo conquistou uma posição tal que o seu triunfo definitivo está absolutamente assegurado."[7]

Com o objetivo de resgatar o Cristianismo primitivo[8] defendo, baseado em análise detalhada do *Evangelho de Marcos*, o primeiro a ser escrito, que Jesus não veio fundar uma religião, o Cristianismo, ou uma Igreja, a cristã. Veio nos propor um novo projeto

---

7   Friedrich Engels, *O Cristianismo primitivo*. Rio, Laemmert, 1969.

8   Ver *Jesus militante – o Evangelho e o projeto político do Reino de Deus*, Petrópolis, Vozes, 2022 (freibetto.org).

SOBRE O CRISTIANISMO PRIMITIVO, DE ENGELS

civilizatório, político, fundado em dois pilares: nas relações pessoais, o amor; nas relações sociais, a partilha dos bens da natureza e dos produzidos pelo trabalho humano. A esse projeto Jesus denominava Reino de Deus em oposição ao reino de César, sob o qual vivia. Por isso, acusado de sedição, sofreu prisão política e foi condenado à pena de morte na cruz.

Engels, portanto, tinha razão: o Cristianismo era, na origem, "o movimento dos oprimidos". Nasceu da dissidência do Judaísmo provocada por João Batista e, em seguida, por seu primo Jesus, ambos assassinados pelas autoridades políticas e religiosas da Palestina do século I. João, por denunciar a corrupção do governador da Galileia, Herodes Antipas; Jesus, por anunciar "um outro reino possível", o Reino de Deus, em contraposição ao reino de César.

Toda a análise de Engels em *O cristianismo primitivo* sobre a crítica aos textos bíblicos foi suplantada no século XX pelo método histórico-crítico, em especial pelos trabalhos de teólogos como Bultmann e Kasemann[9]. Quanto à existência histórica de Jesus, a dúvida se encontra superada. Há mais provas de que ele existiu que da existência de Sócrates. Fora as fontes cristãs, que podem ser consideradas suspeitas, há pelo menos dois documentos insuspeitos, de não cristãos, que se referem a ele: os *Anais* (15; 44,3) de Tácito (56 d.C.-120 d.C.), historiador romano, que diz

---

9 Cf. Bultmann, R. *Jesus Christ and mythology.* New York, 1958; Ebeling, G. *Die Bedeutung der historisch-kritischen Methode für die protestantische Theologie und Kirche,* em Wort und Glaube. Tübingen, 1962; Käsemann. E. *Vom theologischen Recht historisch-kritischen Exegese.* ZTK 64 (1967), p. 259-281.

ter sido ele "condenado à morte durante o reinado de Tibério pelo governador Pôncio Pilatos"; e Flávio Josefo (37 d.C.- 100 d.C.), em *Antiguidades judaicas* (18; 3,3): Jesus "atraiu muitos judeus e muitos de origem grega. E quando Pilatos, por causa de uma acusação feita pelas autoridades, o condenou à cruz, os que antes o haviam amado não deixaram de fazê-lo".

O ponto central da obra de Engels é ressaltar que o Cristianismo nasceu como um movimento libertador dos oprimidos, tal como, no século XIX, o socialismo. Faltou ressaltar, entretanto, que os cristãos primitivos não tinham propriamente um projeto revolucionário. Seria anacrônico esperar deles uma ótica de classe ou uma proposta específica de nova sociedade. Eram reformadores, propunham uma visão crítica do poder opressor e adotavam em suas comunidades a superação de preconceitos étnicos e a socialização de bens. Por isso, "não havia entre eles nenhum necessitado, porque quem possuía terras ou casas, vendia-as, trazia os valores correspondentes e os depositava aos pés dos apóstolos; então se distribuía a cada um conforme a sua necessidade" (*Atos dos apóstolos* 4,34-35).

"Ópio do povo"

Após minar as bases do Império Romano e conquistar o direito à liberdade e à diversidade religiosa, o Cristianismo foi cooptado, no século IV, pelo imperador Constantino, que o promoveu à condição de religião de Estado. Foi a partir daí que o movimento suscitado pela militância de Jesus de Nazaré passou a transpor a libertação da Terra para o céu, para a vida após a morte. Tornou-se, portanto, "ópio do povo", como Marx afirma na *Introdução à crítica da filosofia do direito de Hegel* (1844): "A angústia religiosa é, ao mesmo tempo, a expressão da verdadeira angústia e o protesto contra esta verdadeira angústia. A religião é o suspiro da criatura oprimida, o coração de um mundo sem coração, tal como é o espírito de uma sociedade sem espírito. Ela é o ópio do povo."

Em seu artigo intitulado *Marx e Engels como sociólogos da religião*, Michael Löwy observa que a frase "a religião é o ópio do povo" precisa ser compreendida em sua complexidade, e destaca que Marx se refere à religião em "seu duplo caráter" contraditório e dialético: "às vezes legitimação da sociedade existente, às vezes protesto contra tal sociedade."[10]

Sobre isso me disse Fidel em nosso livro: "Em minha opinião, a religião, sob a ótica política, não é, em si mesma, ópio ou remédio milagroso. Pode ser ópio ou maravilhoso remédio na medida em que sirva para defender os opressores e os exploradores ou os oprimidos e os explorados. Depende da forma como aborda os problemas políticos, sociais e materiais do ser humano que, independentemente de teologias ou de crenças religiosas, nasce e tem que viver neste mundo."

Portanto, a frase "a religião como ópio do povo" não é sua mais importante afirmação sobre a religião. Mas se popularizou e passou a ser entendida como uma condenação política paradigmática da religião, usada

---

10   Ibidem, p.158.

para justificar o ateísmo político de certas tendências de esquerda, para as quais não haveria possibilidade de conciliação entre religião e revolução[11]. Nesse modo de entender, quem quisesse ser revolucionário marxista deveria abandonar suas convicções religiosas; e quem quisesse praticar uma religião deveria repudiar o marxismo.

Foi preciso esperar décadas para que Fidel superasse tal preconceito com seu lapidar pensamento: "De um ponto de vista estritamente político – e penso que conheço algo de política –, considero que se pode ser marxista sem deixar de ser cristão e trabalhar unido ao comunista marxista para transformar o mundo. O importante é que, em ambos os casos, sejam sinceros revolucionários dispostos a erradicar a exploração do homem pelo homem e a lutar pela justa distribuição da riqueza social, pela igualdade, pela fraternidade e pela dignidade de todos os seres humanos. Isto é, sejam portadores da consciência política, econômica e social mais avançada, ainda que se parta, no caso dos cristãos, de uma concepção religiosa."[12]

---

11   Fábio Régio Bento, *Marxismo e religião - Revolução e religião na América Central*, Jundiá, Paco Editorial, 2016.

12   Sublinhei *ambos os casos* porque aqui houve uma supressão do texto original. Ao terminar a entrevista, a transcrição das gravações foi enviada a Fidel e a mim. Cada um cuidou de corrigir as suas falas. Em setembro de 1985, retornei a Cuba. Fidel me contou que havia submetido o texto de nossa entrevista ao Birô Político, o que me surpreendeu, pois pensava, equivocadamente, que ele não se submetia a nenhuma instância. Acrescentou que membros do Birô propuseram algumas mudanças no que ele dissera. Ele fez questão de me dizer que havia "defendido nossos pontos de vista". Porém, uma única frase sofreu modificação por pressão do Birô: quando ele concordou comigo que, assim como um cristão pode aceitar o marxismo sem deixar de ser cristão, *um marxista pode abraçar a fé cristã sem deixar de ser marxista*. Esta última frase

Segundo Löwy, nos encontramos diante de um equívoco hermenêutico. Para ele, é em *A ideologia alemã* (1846) que aparece a noção marxista da religião – e, também, do direito, da moral, da filosofia – como reflexo das relações materiais de produção, "condicionadas pela produção material e pelas relações sociais correspondentes."[13] Portanto, a postura de Marx não era de proclamar um anátema da religião como "ópio do povo".

A religião, se por um lado é condicionada pelas condições materiais de existência, por outro pode influir na prática de quem se propõe a mudar tais condições. Há "íntima e eficaz conexão entre os dois fenômenos", lembra Löwy.[14]

Se a religião "é o suspiro do ser oprimido, é o ópio do povo", ela é uma espécie de anestésico que alivia a pessoa de seu sofrimento real no "vale de lágrimas". Cabe aqui a pergunta: o socialismo elimina por completo o sofrimento real? Sabemos que não. Ainda que elimine a dor causada por enfermidades e, portanto, suprimida pela medicina, o socialismo e o comunismo jamais haverão de eliminar o sofrimento, uma experiência subjetiva provocada por frustração, ansiedade, ruptura afetiva, transtorno psíquico etc.

Mas não é este aspecto que justifica a existência da prática religiosa. Ela não é, em primeira instância, um apoio ou consolo ao sofrimento humano. É uma

---

foi apagada do texto original. No entanto, manteve-se a expressão "ambos os casos".

13 Ibidem, p.158.

14 Löwy, ibidem, p.160.

via que nos faz vivenciar o amor como experiência de Deus e, assim, assumir uma relação de alteridade respeitosa com o próximo e a natureza.

Uma compreensão adequada do contexto no qual Marx afirma que "a religião é o ópio do povo" revela que ele a entendia como produto, efeito de um contexto social, e o que deve ser atacado são suas causas, suas raízes, e não a religião em si.

A religião tende a desaparecer?

Em *O capital*, Marx afirma que a religião só pode desaparecer quando as causas sociais que lhe dão origem também desaparecerem: "O reflexo religioso do mundo real só pode desaparecer quando as relações do cotidiano prático se apresentarem aos homens, diariamente, de forma transparente e racional, como relações uns com os outros e com a natureza."[15]

Assim, ao assumir como dogma que "a religião é o ópio do povo", muitos marxistas passaram a associar socialismo e ateísmo, revolução e ateísmo, esquerda e ateísmo, demonstrando desconhecerem o pensamento de Marx e Engels.

Essa falsa hermenêutica não é, contudo, o mais importante. O mais grave foi o erro político e estratégico decorrido dela, ou seja, excluíram da luta revolucionária e dos partidos comunistas os revolucionários crentes, os que abraçavam alguma confissão religiosa e, assim, se afastaram de amplos segmentos populares

---

15   Marx, *Mew*, vol. 1. Berlin: Dietz Verlag, 2018, p. 94.

culturalmente religiosos. E ainda ofereceram ao inimigo a bandeira da incompatibilidade entre socialismo e Cristianismo, e da plena compatibilidade entre capitalismo e Cristianismo. Ora, o marxismo não é, em sua origem, ateísta, é laico, é um método de análise da realidade que foge de qualquer metafísica.

Se a religião legitima as condições reais de existência, também manifesta uma crítica a essas condições, como o comprova a Teologia da Libertação, sobre a qual se manifestou Fidel na entrevista: "Eu poderia definir a Igreja da libertação ou a Teologia da Libertação como um reencontro do Cristianismo com as suas raízes, com a sua história mais bonita, mais atrativa, mais heroica e mais gloriosa, e de maneira tão importante que obriga toda a esquerda da América Latina a considerar este um dos acontecimentos mais fundamentais de nossa época."

A luta de classes atravessa a própria Igreja, como observou Engels em seu estudo sobre os anabatistas do século XVI, *A guerra camponesa* (1850). As religiões, em suma, estão dentro das lutas de classes e não fora delas. "A história de todas as sociedades até hoje existentes é a história das lutas de classes."[16]

As religiões também foram combatidas pelas revoluções burguesas, que as consideravam alicerces dos regimes feudais e monarquistas. Contudo, acabaram por se adaptar às sociedades burguesas.

A experiência socialista comprovou, entretanto, que o combate à "miséria real" não faz a religião desaparecer. Como não desaparecem outros fatores que

---

16   Marx e Engels, *Manifesto comunista*.

transcendem a razão humana: a arte e o amor. Até porque tanto o marxismo quanto as religiões são *sistemas de sentido*. Pretendem explicar a vida e a história humanas, assim como também pretende o capitalismo. A diferença é que as religiões são sistemas de sentido mais abrangentes, vão além do que pode ser explicado pela ciência e pelos paradigmas da estética; explicam desde a importância do perdão na reconciliação de duas pessoas que se desentenderam até a origem do Universo e da vida e o que se passa após a morte.

Fidel declarou na entrevista: "Quando Marx criou a *Internacional* dos trabalhadores,[17] havia entre eles muitos cristãos. Também na Comuna de Paris havia muitos cristãos entre os que lutaram e morreram. Não há uma só frase de Marx excluindo aqueles cristãos, dentro da linha ou da missão histórica de levar adiante a revolução social. Se vamos mais além e recordamos todas as discussões em torno do programa do Partido Bolchevista, fundado por Lênin, você não encontra uma só palavra que exclua os cristãos do Partido. A principal exigência é a aceitação do programa do Partido como condição para ser militante. De modo que aquela frase tem valor histórico e é absolutamente justa em determinado momento. Neste momento, pode haver circunstâncias

---

17   Associação Internacional dos Trabalhadores (AIT), também conhecida como Primeira Internacional ou simplesmente Internacional, foi uma organização internacional fundada em setembro de 1864. Foi a primeira organização operária a superar fronteiras nacionais, reunindo membros de todos os países da Europa e também dos Estados Unidos. A organização abrigou, em seu seio, trabalhadores das mais diversas correntes ideológicas de esquerda: de comunistas marxistas até anarquistas bakuninistas e proudhonianos, além de sindicalistas, reformistas, blanquistas, owenistas, lassalianos, republicanos e democratas radicais e cooperativistas. Sobre o tema, sugiro consultar: https://pt.wikipedia.org/wiki/Associação_Internacional_dos_Trabalhadores.

em que ela ainda seja expressão de uma realidade. Em qualquer país no qual a hierarquia católica ou a de outra Igreja esteja estreitamente associada ao imperialismo, ao neocolonialismo, à exploração dos povos e dos homens e à repressão, não devemos nos surpreender que alguém repita que "a religião é o ópio do povo." Como se compreende perfeitamente que os nicaraguenses, a partir de suas experiências e da tomada de posição dos religiosos nicaraguenses, tenham chegado àquela conclusão, a meu ver muito justa, de que, a partir de sua fé, os cristãos podem assumir uma posição revolucionária sem haver contradição entre a condição de cristão e a de revolucionário. Portanto, de nenhum modo aquela frase tem ou pode ter o caráter de dogma ou de verdade absoluta. É uma verdade ajustada a determinadas condições históricas concretas. Creio que é absolutamente dialético e marxista tirar essa conclusão.

Religião, chave do coração

Ao contrário de todas as previsões iluministas, o fenômeno religioso não apenas impregna a cultura de povos do mundo inteiro como se mostra em ascensão. E as forças de direita se apegavam resolutamente a ele por reconhecerem seu alcance popular, o que facilita a manipulação das consciências rumo à naturalização das desigualdades sociais, à exaltação da meritocracia individual e à abnegação em situação de opressão.

Nesse sentido, a religião disseminada pela direita é sim um ópio que tem por objetivo desmobilizar as forças populares potencialmente revolucionárias, de modo a postergarem para a eternidade o direito a uma vida digna e feliz.

Na América Latina, o fenômeno se apresenta sobretudo pelo fundamentalismo cristão de Igrejas evangélicas e setores do Catolicismo. Os dados mostram que nosso Continente, tradicionalmente católico, tende a ser, agora, predominantemente evangélico de perfil protestante neopentecostal. Portanto, devidamente legitimador do sistema capitalista.

O progressismo das Comunidades Eclesiais de Base e de seu fruto mais expressivo, a Teologia da Libertação, tão vigentes entre as décadas de 1970-1990, refluiu sob os 34 anos de pontificados conservadores de João Paulo II e Bento XVI. O papa Francisco se empenha em recuperar o terreno perdido, embora saiba que, hoje, ele é a cabeça progressista de um corpo estruturalmente conservador.

Por sua vez, a esquerda mundial se viu abalada sob os escombros da queda do Muro de Berlim. Na Europa, se esfacelou e amplos segmentos foram absorvidos pelo neoliberalismo. Na América Latina, abandonou os propósitos revolucionários para se adaptar a programas políticos social-democratas assumidos por partidos e governos progressistas. O pensamento marxista ficou recolhido às bibliotecas e o socialismo, com exceção de Cuba, deixou de ser um objetivo histórico.

A questão que me parece mais importante na atual conjuntura é a politização, organização e mobilização dos amplos setores populares, quase sempre impregnados de forte religiosidade cristã. Numa palavra:

retornar ao trabalho de base, tão intenso na América Latina nas décadas de 1960 a 1990. Retirar Paulo Freire das prateleiras de livros e colocar seus ensinamentos em prática. Desafio nada fácil considerando que, hoje, esses setores, em muitos países, estão sob o comando de pastores e padres fundamentalistas, braços do narcotráfico, milícias ou grupos paramilitares.

Se em nosso povo a porta da razão é o coração, e a chave do coração, a religião, a esquerda terá que necessariamente abraçar a pedagogia de trabalho popular que leva em conta o fator religioso. O discurso político em si nem sempre encontra eco nas camadas populares, muitas delas decepcionadas com partidos e governos. A hermenêutica religiosa terá que entrar na pauta da militância de esquerda. Não para manipular consciências, como faz a direita, e sim para reaprender a valorizar a fé das pessoas mais simples e ajudá-las a fazer uma leitura libertadora da Bíblia, considerada por elas Palavra de Deus.

Se em países como Brasil e tantos outros da América Latina, a exemplo do México, a esquerda, para ter êxito, deverá sempre contar como aliadas a Virgem de Aparecida e a Virgem de Guadalupe, em toda a América Latina não há como avançar para superar o capitalismo e implantar uma sociedade socialista sem ter como aliado o companheiro Jesus de Nazaré.

CONTRIBUIÇÕES PARA A HISTÓRIA DO CRISTIANISMO PRIMITIVO

Friedrich Engels

I

A história do Cristianismo primitivo apresenta notáveis pontos de contato com o movimento operário moderno[1]. Assim como este, o Cristianismo era originalmente um movimento dos oprimidos, inicialmente parecia ser a religião dos escravos e dos libertos, dos pobres e dos homens sem direitos, dos povos subjugados ou dispersos pelo Império Romano. Ambos, o Cristianismo assim como o socialismo operário, pregam uma libertação iminente da servidão e da miséria; o Cristianismo transporta essa libertação para o além, para uma vida após a morte, para o céu; o socialismo a coloca neste mundo, em uma transformação da sociedade. Ambos são perseguidos e caçados, seus adeptos são proscritos e sujeitos a leis de exceção, uns como inimigos da humanidade, outros como inimigos do

---

1 Este texto de Friedrich Engels (de 1894) foi traduzido por Laura Lafargue (1845-1911), personalidade do movimento operário francês, segunda filha de Karl Marx e esposa do socialista francês Paul Lafargue. O texto de Engels traça um paralelo entre a situação dos primeiros cristãos e a dos primeiros comunistas da Primeira Internacional, no século XIX. Este texto foi publicado no jornal Le Devenir Social, órgão teórico da Segunda Internacional em língua francesa. [N.E.]

CONTRIBUIÇÕES PARA A HISTÓRIA DO CRISTIANISMO PRIMITIVO

governo, da religião, da família, da ordem social. E apesar de todas as perseguições, e até mesmo diretamente impulsionados por elas, ambos abrem seu caminho de forma vitoriosa e irresistível.

Três séculos após o seu surgimento, o Cristianismo é reconhecido como a religião de Estado do Império Romano global: em menos de 60 anos, o socialismo conquistou uma posição tal que seu triunfo final é absolutamente assegurado.

Portanto, se o professor A. Menger, em sua obra *Direito ao produto integral do trabalho*, se surpreende pelo fato de que, sob os imperadores romanos, dada a colossal centralização da propriedade fundiária e as infinitas dores da classe trabalhadora, composta em grande parte por escravos, "o socialismo não tenha se estabelecido após a queda do Império Romano Ocidental" – é porque ele não percebe que justamente esse "socialismo", na medida do possível na época, realmente existia e chegava ao poder – com o Cristianismo. No entanto, esse Cristianismo, como era inevitável dadas as condições históricas, não buscava realizar a transformação social neste mundo, mas no além, no céu, na vida eterna após a morte no iminente "milênio".

Já na Idade Média, o paralelo entre os dois fenômenos se torna evidente durante as primeiras revoltas dos camponeses oprimidos e, principalmente, dos plebeus das cidades. Essas revoltas, assim como todos os movimentos populares na Idade Média, necessariamente tinham uma máscara religiosa, pareciam restaurações do Cristianismo primitivo após uma corrupção invasiva. No entanto, por trás da exaltação religiosa, escondiam-se interesses mundanos muito concretos. Isso era grandemente evidente na organização dos Taboritas da Boêmia sob Jean Zizka, de gloriosa memória; mas esse traço persiste ao longo da Idade Média, até que aos poucos desaparece, após a Guerra dos Camponeses na Alemanha, para ressurgir entre os trabalhadores comunistas após 1830. Os comunistas revolucionários franceses, assim como Weitling e seus seguidores, se referiam ao Cristianismo primitivo muito antes de Renan dizer: "Se você quiser ter uma ideia das primeiras comunidades cristãs, olhe para uma seção local da Associação Internacional dos Trabalhadores".

O escritor francês que, por meio de uma exploração da crítica bíblica alemã sem precedentes, mesmo no jornalismo moderno, criou o romance eclesiástico, *Origens do cristianismo*, não sabia o quanto havia de verdade em suas palavras. Eu gostaria de ver o antigo internacionalista capaz de ler, por exemplo, a segunda epístola aos Coríntios, atribuída a Paulo, sem que, pelo menos em um ponto, antigas feridas não se reabrissem nele. A epístola inteira, a partir do capítulo VIII, ressoa com o eterno lamento, lamentavelmente muito conhecido: "as contribuições não estão sendo recolhidas". Quantos dos propagandistas mais zelosos, por volta de 1865, teriam apertado a mão do autor dessa carta, quem quer que fosse, com uma simpatia compreensiva, sussurrando em seu ouvido: "Aconteceu com você também, irmão!" Nós também poderíamos contar muito sobre isso – em nossa associação também havia coríntios –, essas contribuições que não

CONTRIBUIÇÕES PARA A HISTÓRIA DO CRISTIANISMO PRIMITIVO

eram recolhidas, que se esquivavam dos nossos olhos como o eterno castigo de Tântalo, mas eram exatamente os famosos milhões da Internacional.

Uma de nossas melhores fontes sobre os primeiros cristãos é Luciano de Samósata, o Voltaire da antiguidade clássica, que mantinha uma atitude igualmente cética em relação a qualquer tipo de superstição religiosa e, portanto, não tinha motivos (nem pela crença pagã nem pela política) para tratar os cristãos de maneira diferente de qualquer associação religiosa. Ao contrário, ele zombava de todos eles por sua superstição, tanto os adoradores de Júpiter quanto os adoradores de Cristo: do seu ponto de vista plenamente racionalista, um tipo de superstição é tão tolo quanto outro. Esse testemunho, pelo menos imparcial, relata, entre outras coisas, a biografia de um aventureiro chamado Peregrino, que se chamava Protus de Parium, no Helesponto. O dito Peregrino começou sua juventude na Armênia, com adultério, foi pego em flagrante e espancado conforme o costume do país. Felizmente, conseguiu escapar, estrangulou seu velho pai e teve que fugir. "Foi por volta dessa época que ele aprendeu a admirável religião dos cristãos, filiando-se na Palestina a alguns de seus sacerdotes e escribas. O que mais direi? Esse homem logo fez saber a eles que eles eram apenas crianças, ora profeta, ora líder religioso, ora líder de assembleia; ele era tudo isso por si só, interpretando seus livros, explicando-os e até mesmo compondo seus próprios textos. Assim, muitas pessoas o consideraram como um deus, um legislador, um pontífice, igual ao que era honrado na Palestina, onde foi crucificado por introduzir esse novo culto entre os homens. Protus, tendo sido preso por esse motivo, foi lançado na prisão. Assim que ele foi aprisionado, os cristãos, considerando-se atingidos, fizeram todo o possível para resgatá-lo; mas, incapazes de fazê-lo, pelo menos lhe prestaram todos os tipos de serviços com um zelo e empenho incansáveis. Desde a manhã, uma multidão de mulheres idosas, viúvas e órfãos estava ao redor da prisão. Os principais líderes da seita passavam a noite ao lado dele, depois de subornar os guardas da prisão; eles traziam comida, liam seus livros sagrados, e o virtuoso Peregrino – ele ainda era chamado assim – era chamado por eles de o novo Sócrates. Isso não é tudo; várias cidades da Ásia lhe enviaram delegações em nome dos cristãos, para apoiá-lo, advogar por ele e consolá-lo. É inacreditável a disposição deles nessas ocasiões, em resumo, eles não se importam com nada. Portanto, Protus, sob o pretexto de estar na prisão, viu chegar grandes somas de dinheiro e acumulou uma grande renda. Esses infortunados imaginam que são imortais e viverão eternamente. Como resultado, desprezam os tormentos e se entregam voluntariamente à morte. Seu primeiro legislador também os convenceu de que são todos irmãos. Assim que mudam de religião uma vez, renunciam aos deuses gregos e adoram o sofista crucificado, cujas leis seguem. Eles também desprezam todas as posses e compartilham tudo, confiantes nas palavras dele. Portanto, se um impostor, um habilidoso enganador, aparecer entre eles, ele não terá dificuldade em enriquecer rapidamente, rindo por trás da simplicidade deles. No entanto, Protus logo é libertado de suas correntes pelo governador da Síria".

Seguindo outras aventuras ainda, é dito: "Portanto, Peregrino retoma sua vida errante, acompanhado em suas andanças por um grupo de cristãos que o servem como satélites e suprem abundantemente suas necessidades. Ele foi assim alimentado por algum tempo. Mas depois de violar alguns dos seus preceitos (ele foi visto, creio eu, comendo carne proibida), ele foi abandonado por seu séquito e reduzido à pobreza" (Tradução Talbot).

Quantas memórias de juventude se despertam em mim ao ler este trecho de Luciano. Aqui, em primeiro lugar, está o "Profeta Albrecht" que, a partir de cerca de 1840, tornava pouco seguras – literalmente – as comunidades comunistas de Weitling na Suíça. Era um homem alto e forte, com uma longa barba, que percorria a Suíça a pé, em busca de uma audiência para o seu novo evangelho de libertação do mundo. De fato, ele parece ter sido um tipo bastante inofensivo e morreu jovem. Em seguida, vem o seu sucessor menos inofensivo, o dr. George Kuhlmann de Holstein, que aproveitou o tempo em que Weitling estava na prisão para converter os comunistas da Suíça francesa ao seu próprio evangelho, e por um tempo teve tanto sucesso que até conquistou o mais espiritual, ao mesmo tempo que o mais boêmio deles, Auguste Becker. O finado Kuhlmann dava palestras, que foram publicadas em 1845 sob o título: "O Novo Mundo ou o Reino do Espírito na Terra. Anunciação". E na introdução, muito provavelmente escrita por Becker, lê-se: "Faltava um homem cuja voz expressasse todas as nossas dores, todas as nossas esperanças e aspirações, em suma, tudo o que agita mais profundamente o nosso tempo. Esse homem que a nossa época esperava apareceu. É o dr. George Kuhlmann de Holstein. Ele apareceu com a doutrina do novo mundo ou do reino do espírito na realidade".

Não é preciso dizer que essa doutrina do novo mundo não passava de sentimentalismo comum, traduzido em uma fraseologia meio bíblica, à maneira de Lamennais, e proferido com a arrogância de um profeta. Isso não impedia que os bons discípulos de Weitling carregassem esse charlatão nos ombros, assim como os cristãos da Ásia haviam carregado Peregrinus. Mesmo que normalmente fossem extremamente democráticos e igualitários, chegando ao ponto de desconfiar eternamente de qualquer mestre-escola, de qualquer jornalista, de qualquer pessoa que não fosse um trabalhador manual, considerando-os todos como "sábios" que tentavam explorá-los, eles foram persuadidos por esse Kuhlmann tão melodramaticamente equipado de que no "novo mundo", o mais sábio, ou seja, Kuhlmann regularia a distribuição dos prazeres e, como consequência, no velho mundo, os discípulos teriam que fornecer os prazeres em abundância ao mais sábio e contentar-se eles próprios com migalhas. E assim, Peregrinus-Kuhlmann viveu na alegria e na abundância enquanto durou. Na verdade, isso não durou muito; o crescente descontentamento dos céticos e dos incrédulos, juntamente com as ameaças de perseguição do governo vaudois, puseram fim ao reino do espírito em Lausanne: Kuhlmann desapareceu.

Exemplos análogos virão à memória de qualquer um que tenha conhecido por experiência os primeiros dias do movimento operário na Europa. No momento atual, casos tão extremos se tornaram impossíveis, pelo menos nos grandes centros; mas em localidades remotas, onde o movimento conquista um terreno virgem, um pequeno Peregrinus desse tipo ainda poderia contar com um sucesso temporário e relativo. E, assim como todos os elementos que o processo de dissolução do antigo mundo havia liberado fluíram, para o partido operário de todos os países, ou que não tinham mais esperança no mundo oficial ou que haviam sido "queimados", como os adversários da vacinação, os vegetarianos, os antivivisseccionistas, os defensores da medicina alternativa, os pregadores de congregações dissidentes cujos seguidores haviam se dispersado, os autores de novas teorias sobre a origem do mundo, os inventores fracassados ou infelizes, as vítimas de privilégios reais ou imaginários, os honestos tolos e os desonestos impostores – o mesmo ocorreu com os cristãos. Todos os elementos que o processo de dissolução havia liberado foram atraídos, um a um, para o círculo de atração do cristianismo, o único elemento que resistia à dissolução, precisamente porque era um produto muito especial dela, e que, portanto, subsistia e crescia enquanto os outros elementos eram efêmeros. Não houve exaltação, extravagância, insanidade ou fraude que não ocorreu nas primeiras comunidades cristãs e que temporariamente, em certos locais, não tenha encontrado ouvidos atentos e crentes dóceis. E assim como os comunistas de nossas primeiras comunidades, os primeiros cristãos eram incrivelmente crédulos em relação a tudo o que parecia estar em seu interesse, de modo que não sabemos com certeza se entre os muitos escritos que Peregrinus compôs para a cristandade, fragmentos não se infiltraram aqui e ali em nosso Novo Testamento.

II

A crítica bíblica alemã, até agora a única base científica do nosso conhecimento sobre a história do Cristianismo primitivo, tem seguido uma dupla tendência.

Uma dessas tendências é representada pela escola de Tübingen, da qual, em um sentido mais amplo, também faz parte D. F. Strauss. Ela vai tão longe na análise crítica quanto uma escola teológica pode ir. Ela admite que os quatro evangelhos não são relatos de testemunhas oculares, mas revisões posteriores de escritos perdidos, e que no máximo quatro das epístolas atribuídas a São Paulo são autênticas. Ela exclui da narrativa histórica todos os milagres e todas as contradições como inadmissíveis; do que resta, ela procura salvar tudo o que é salvável, e nisso transparece seu caráter de escola teológica. E é graças a essa escola que Renan, que se baseia em grande parte nela, pôde, aplicando o mesmo método, fazer muitos outros salvamentos. Além de muitas narrativas do Novo Testamento que são mais do que duvidosas, ele quer nos impor muitas lendas de martírios como sendo autenticadas historicamente. Em todos os casos, tudo o que a escola de Tübingen rejeita do Novo Testamento como apócrifo ou não histórico pode ser considerado definitivamente descartado pela ciência.

A outra tendência é representada por um único homem – Bruno Bauer. Seu grande mérito é ter criticado ousadamente os evangelhos e os apóstolos, ter sido o primeiro a examinar seriamente não apenas os elementos judaicos e greco-alexandrinos, mas também os elementos gregos e greco-romanos que abriram o caminho para o cristianismo como religião universal. A lenda de que o cristianismo nasceu do judaísmo, saindo da Palestina para conquistar o mundo por meio de uma dogmática e ética estabelecidas em linhas gerais, tornou-se impossível desde Bauer; daqui para a frente, ela poderá no máximo continuar a vegetar nas faculdades teológicas e nas mentes das pessoas que querem "conservar a religião para o povo", mesmo ao preço da ciência. Na formação do cristianismo, elevado ao status de religião estatal por Constantino, a escola de Filon de Alexandria e a filosofia vulgar greco-romana, especialmente o platonismo e principalmente o estoicismo, desempenharam um papel importante. Isso está longe de ser estabelecido em detalhes, mas o fato é demonstrado, e essa é predominantemente a obra de Bruno Bauer; ele lançou as bases para a prova de que o cristianismo não foi importado de fora, da Judeia, e imposto ao mundo greco-romano, mas que é, pelo menos na forma que assumiu como religião universal, um produto muito especial desse mundo. Naturalmente, nesse trabalho, Bauer ultrapassou muito o objetivo, como acontece com todos aqueles que lutam contra preconceitos arraigados. Para mostrar a influência de Filon e, especialmente, de Sêneca, sobre o cristianismo em desenvolvimento, até mesmo do ponto de vista literário, e para formalmente representar os autores do Novo Testamento como plagiadores desses filósofos, ele é obrigado a atrasar o surgimento da nova religião em meio século, a rejeitar os relatos contraditórios dos historiadores romanos e, em geral, a tomar liberdades sérias com a história estabelecida. Segundo ele, o cristianismo, como tal, só apareceu sob os imperadores Flávios, e a literatura do Novo Testamento só surgiu sob Adriano, Antonino e Marco Aurélio. Dessa forma, para Bauer, todo o fundamento histórico das narrativas do Novo Testamento relacionadas a Jesus e seus discípulos desaparece; elas se dissolvem em lendas em que as fases de desenvolvimento interno e os conflitos internos das primeiras comunidades são atribuídos a pessoas mais ou menos fictícias. Nem a Galileia nem Jerusalém, mas sim Alexandria e Roma são, de acordo com Bauer, os locais de nascimento da nova religião.

Portanto, se a escola de Tübingen, no resíduo incontestável para ela da história e da literatura do Novo Testamento, nos ofereceu o máximo que a ciência pode, até hoje, permitir como sujeito de controvérsia, Bruno Bauer nos traz o máximo que ela pode atacar. Entre esses limites está a verdade. Se isso, com nossos meios atuais, pode ser determinado, parece ser bem problemático. Novas descobertas, especialmente em Roma, no Oriente e, acima de tudo, no Egito, contribuirão muito mais para isso do que qualquer crítica.

Há um livro no Novo Testamento do qual é possível, em poucos meses, fixar a data de sua composição; ele deve ter sido escrito entre junho de 67 e janeiro ou abril de 68, um livro que consequentemente pertence aos tempos cristãos mais antigos, refletindo suas noções com a mais ingênua sinceridade e em uma linguagem idiomática correspondente; um livro que, na minha opinião, é muito mais importante para determinar o que o cristianismo primitivo realmente foi do que todo o restante do Novo Testamento, que é muito mais recente em sua redação atual. Este livro é o chamado "Apocalipse de João"; e além disso, este livro, aparentemente o mais obscuro de toda a Bíblia, agora se tornou, graças à crítica alemã, o mais compreensível e transparente de todos eles. Permita-me discuti-lo com o leitor.

Um simples olhar para este livro é suficiente para convencer a si mesmo do estado exaltado de espírito do autor e do "ambiente circundante" em que ele viveu. Nosso "Apocalipse" não é o único do seu tipo e época. Desde o ano 164 a.C., a data do primeiro livro preservado conhecido como o Livro de Daniel, até cerca de 250 d.C., a data aproximada do Carmen de Commodien, Renan conta não menos que 15 "Apocalipses" clássicos que nos chegaram, para não mencionar imitações posteriores. (Menciono Renan porque seu livro é o mais acessível e conhecido fora dos círculos profissionais.) Esse foi um momento em que em Roma e na Grécia, mas muito mais em particular na Ásia Menor, Síria e Egito, uma mistura heterogênea das mais grosseiras superstições de todos os países foi aceita sem crítica, complementada por fraudes piedosas e charlatanismo direto, onde a taumaturgia, convulsões, visões, adivinhação, alquimia, Cabala e outras feitiçarias ocultas desempenhavam o papel principal. Esse foi o ambiente em que o cristianismo primitivo surgiu, e no meio de uma classe de pessoas mais abertas a tais imaginações sobrenaturais do que qualquer outra. Mesmo os gnósticos cristãos do Egito, como evidenciado, entre outras coisas, pelos Papiros de Leiden, estavam profundamente envolvidos em alquimia no século II d.C. e incorporaram noções alquímicas em suas doutrinas. E os matemáticos caldeus e judeus que, segundo Tácito, foram expulsos de Roma duas vezes por magia, sob Cláudio e novamente sob Vitélio, não praticaram outras artes geométricas além daquelas que encontraremos bem no cerne do Apocalipse de João.

Além disso, todos os apocalipses reivindicam o direito de enganar seus leitores. Não apenas são, em regra, escritos por pessoas muito diferentes dos supostos autores, a maioria deles muito mais recentes, por exemplo, o Livro de Daniel, o Livro de Enoque, os Apocalipses de Esdras, Baruque, Judas etc., os Livros Sibilinos, mas profetizam, essencialmente, apenas coisas que aconteceram há muito tempo e são perfeitamente conhecidas pelo verdadeiro autor. Assim, em 164 a.C., pouco antes da morte de Antíoco Epifânio, o autor do Livro de Daniel faz Daniel, supostamente vivendo durante o tempo de Nabucodonosor, prever o surgimento e a queda do domínio persa e macedônio, e o início do império romano em todo o mundo, a fim de predispor seus leitores, por essa prova de seus dons proféticos, a aceitar sua profecia final: que o povo de Israel superará todas as suas tribulações e finalmente sairá vitorioso. Portanto, se o Apocalipse de João fosse verdadeiramente a obra de seu suposto autor, ele seria a única exceção na literatura apocalíptica.

Jean, que se autodenomina o autor, era certamente um homem muito respeitado entre os cristãos da Ásia Menor. O tom das cartas dirigidas às sete comunidades é uma garantia disso. Portanto, poderia ser o apóstolo João, cuja existência histórica, se não é absolutamente autenticada, é pelo menos muito provável. E se de fato fosse o autor, isso seria ainda melhor para a nossa tese. Seria a melhor evidência de que o cristianismo apresentado neste livro é o verdadeiro, o autêntico cristianismo primitivo. Além disso, é provado que o Apocalipse não foi escrito pelo mesmo autor do Evangelho ou das três epístolas também atribuídas a João.

O Apocalipse consiste em uma série de visões. Na primeira visão, Cristo aparece vestido como um grande sacerdote, caminhando entre sete candelabros de ouro, que representam as sete comunidades asiáticas, e ditando "cartas" aos sete "anjos" dessas comunidades. Desde o início, a diferença entre esse cristianismo e a religião universal de Constantino formulada no Concílio de Niceia é evidente. A Trindade não apenas é desconhecida, ela é aqui impossível. Em vez do Espírito Santo único posterior, temos os "sete espíritos de Deus", baseados na passagem de Isaías, XI, 2. Jesus Cristo é o filho de Deus, o primeiro e o último, o alfa e o ômega, mas de forma alguma ele é Deus ou igual a Deus; pelo contrário, ele é "o princípio da criação de Deus", portanto, uma emanação de Deus, existindo desde sempre, mas subordinada, similar aos sete espíritos mencionados anteriormente. No capítulo XV, versículo 3, os mártires no céu "cantam o cântico de Moisés, servo de Deus, e o cântico do Cordeiro", para a glorificação de Deus. Jesus Cristo é crucificado em Jerusalém (XI, 8), mas ressuscitou (I, 5, 8); ele é o cordeiro que foi sacrificado pelos pecados do mundo, e com o sangue do qual os fiéis de todas as nações e línguas são redimidos para Deus. Aqui reside o conceito fundamental que permitiu que o Cristianismo florescesse como uma religião universal. A ideia de que os Deuses, ofendidos pelas ações dos homens, podiam ser apaziguados por meio de sacrifícios, era comum a todas as religiões dos Semitas e dos Europeus; o primeiro conceito revolucionário fundamental do Cristianismo (emprestado da escola de Filo) era que, através de um grande sacrifício voluntário de um mediador, os pecados de todos os tempos e de todos os homens eram expiados de uma vez por todas para os fiéis. Assim, a necessidade de qualquer sacrifício posterior desaparecia, e com ela a base de muitas cerimônias religiosas. Livrar-se de cerimônias que restringiam ou proibiam a interação com pessoas de crenças diferentes era uma condição indispensável para uma religião universal. No entanto, a tradição de sacrifícios estava tão profundamente enraizada nos costumes populares que o catolicismo, que adotou muitos costumes pagãos, achou útil acomodar esse fato introduzindo pelo menos o sacrifício simbólico da missa. Em contrapartida, não há nenhuma menção no nosso livro da doutrina do pecado original.

O que caracteriza especialmente essas cartas, assim como o livro inteiro, é que em nenhum momento o autor se apresenta a si mesmo e a seus correligiosos de outra forma senão como judeus. Às seitas de Esmirna e Filadélfia, contra as quais ele se levanta, repreende: "Eles dizem ser judeus e não são, mas são

CONTRIBUIÇÕES PARA A HISTÓRIA DO CRISTIANISMO PRIMITIVO

da sinagoga de Satanás"; para aqueles de Pérgamo, ele diz: "Eles mantêm a doutrina de Balaão, que ensinou Balaque a colocar um tropeço diante dos filhos de Israel, para que comessem das coisas sacrificadas aos ídolos e se entregassem à prostituição". Portanto, não estamos lidando aqui com cristãos conscientes, mas sim com pessoas que se apresentam como judeus; seu judaísmo, sem dúvida, é uma nova fase de desenvolvimento do antigo; é precisamente por isso que é o único verdadeiro. Portanto, quando os santos aparecem diante do trono de Deus, os primeiros a chegar são 144 mil judeus, 12 mil de cada tribo, e só depois disso, a multidão inumerável de pagãos convertidos a esse judaísmo renovado. Em 69 d.C., nosso autor estava longe de perceber que representava uma nova fase da evolução religiosa, destinada a se tornar um dos elementos mais revolucionários na história do pensamento humano.

Assim, podemos ver que o Cristianismo daquela época estava a quilômetros de distância da religião universal dogmaticamente estabelecida pelo Concílio de Niceia. Nem a doutrina, nem a ética posterior são encontradas lá; em vez disso, há um sentimento de luta contra um mundo e a certeza de que se sairá vitorioso dessa luta; um fervor guerreiro e uma certeza de vitória que estão completamente ausentes dos cristãos de hoje e só são encontrados no outro polo da sociedade - nos socialistas.

De fato, a luta contra um mundo todo-poderoso e a luta simultânea dos inovadores entre si são comuns a ambos, aos cristãos primitivos e aos socialistas. Os dois grandes movimentos não são liderados por chefes e profetas, embora os profetas não faltem nem em um nem no outro - são movimentos de massas. E todo movimento de massas é, no início, necessariamente confuso; confuso porque todo pensamento de massas se move, primeiramente, em contradições, porque carece de clareza e coerência; confuso, também, precisamente devido ao papel desempenhado pelos profetas nos primórdios. Essa confusão se manifesta na formação de numerosas seitas que lutam umas contra as outras com pelo menos tanta intensidade quanto o inimigo comum externo. Isso aconteceu no Cristianismo primitivo; isso também aconteceu no início do movimento socialista, por mais doloroso que tenha sido para as pessoas bem-intencionadas que pregavam a união quando a união não era possível.

Por exemplo, a Internacional estava unida por um dogma unitário? De forma alguma. Havia comunistas conforme a tradição francesa anterior a 1848, que por sua vez representavam diferentes nuances, comunistas da escola de Weitling, outros pertencentes à Liga Regenerada dos Comunistas; os proudhonianos, que eram predominantes na França, e na Bélgica, os blanquistas; o partido operário alemão; finalmente, os anarquistas bakuninistas, que por um momento tiveram a vantagem – e esses eram apenas os grupos principais. A partir da fundação da Internacional, levou um quarto de século para a separação definitiva e geral dos anarquistas e para estabelecer pelo menos um acordo sobre pontos de vista econômicos mais gerais. E isso com nossos meios de comunicação, ferrovias, telegrafia, cidades industriais gigantes, imprensa e reuniões populares organizadas.

CONTRIBUIÇÕES PARA A HISTÓRIA DO CRISTIANISMO PRIMITIVO

Também houve divisão em inúmeras seitas entre os primeiros cristãos, divisão que precisamente era o meio de iniciar discussões e obter a unidade posterior. Já podemos ver isso neste livro, sem dúvida o documento cristão mais antigo, e nosso autor ataca essa divisão com a mesma intensidade com que ataca o mundo pecador externo inteiro. Primeiro, temos os Nicolaítas em Éfeso e Pérgamo; aqueles que dizem ser judeus, mas que são a sinagoga de Satanás, em Esmirna e Filadélfia; os adeptos da doutrina do falso profeta, designado como Balaão, em Pérgamo; aqueles que dizem ser profetas e não são, em Éfeso; finalmente, os seguidores da falsa profetisa, designada como Jezabel, em Tiatira. Não aprendemos nada mais preciso sobre essas seitas; apenas sobre os sucessores de Balaão e Jezabel, é dito que eles comem das coisas sacrificadas aos ídolos e se entregam à fornicação.

Tentou-se representar essas cinco seitas como cristãos paulinos, e todas essas epístolas como sendo direcionadas contra Paulo, o falso apóstolo, o suposto Balaão e "Nicolas". Os argumentos frágeis relacionados a isso estão reunidos por Renan na obra São Paulo (Paris, 1869, p. 303-305, 367-370. Todos eles acabam por explicar nossas epístolas missivas pelos Atos dos Apóstolos e pelas epístolas chamadas de Paulo; escritos que, em sua redação atual, são 60 anos posteriores ao Livro do Apocalipse; portanto, cujas informações sobre ele são mais do que duvidosas e que também se contradizem entre si. Mas o que resolve a questão é que não passou pela mente do nosso autor dar a uma única seita cinco denominações diferentes – duas apenas para Éfeso (falsos apóstolos e Nicolaítas) e duas também para Pérgamo (os adeptos de Balaão e os Nicolaitas) – e isso designando expressamente como duas seitas diferentes. No entanto, não negamos que entre essas seitas possam ter havido elementos que hoje consideraríamos como seitas paulinas.

Nos dois trechos em que se entra em detalhes, a acusação se limita ao consumo de coisas sacrificadas aos ídolos e à fornicação, ambos pontos sobre os quais os judeus – tanto os antigos quanto os judeus cristãos – estavam em disputa perpétua com os convertidos pagãos. A carne proveniente dos sacrifícios pagãos não era apenas servida em festins onde recusar a comida oferecida poderia parecer inadequado e até perigoso, mas também era vendida em mercados públicos, onde dificilmente se poderia discernir à vista se ela era ou não kosher. No caso da fornicação, os mesmos judeus não entendiam apenas o comércio sexual fora do casamento, mas também o casamento em graus de parentesco proibidos ou entre judeus e pagãos, e esse é o sentido que normalmente é dado à palavra no trecho dos Atos dos Apóstolos (XV, 20 e 29). No entanto, nosso João tem uma visão própria sobre o comércio sexual permitido aos judeus ortodoxos. Ele diz (XIV, 4) sobre os 144 mil judeus celestiais: "Estes são os que não se contaminaram com mulheres, porque são virgens". E de fato, no céu de nosso João, não há uma única mulher. Portanto, ele pertence à tendência, que também se manifesta em outros escritos do Cristianismo primitivo, que considera o comércio sexual em geral como pecaminoso. Além disso, ao considerarmos o fato de que ele chama Roma de "a grande prostituta com a qual os reis da terra se prostituíram e que

CONTRIBUIÇÕES PARA A HISTÓRIA DO CRISTIANISMO PRIMITIVO

embriagou os habitantes da terra com o vinho da sua prostituição – e os comerciantes da terra enriqueceram com a abundância de sua luxúria", torna-se impossível entender a palavra da epístola no sentido estreito que a apologética teológica gostaria de atribuir a ela, apenas para extrair confirmação para outras passagens do Novo Testamento. Pelo contrário, certos trechos indicam claramente um fenômeno comum em todos os períodos profundamente tumultuados, a saber, que ao mesmo tempo que todas as barreiras estão sendo abaladas, procura-se afrouxar os laços tradicionais do comércio sexual. Nos primeiros séculos cristãos, ao lado do ascetismo que mortifica a carne, muitas vezes a tendência se manifesta de ampliar a liberdade cristã para os relacionamentos, mais ou menos libertos de restrições, entre homens e mulheres. O mesmo aconteceu no movimento socialista moderno.

Que santa indignação não provocou após 1830, na Alemanha daquela época – "essa piedosa maternidade", como Heine a chamava – a reabilitação do corpo saint-simoniano! Os mais indignados foram os aristocratas que dominavam na época (não estou dizendo a classe aristocrática, pois em 1830 ainda não havia classes em nosso país) e que, tanto em Berlim quanto em suas propriedades rurais, não sabiam viver sem a reabilitação do corpo sempre reiterada. O que essas pessoas teriam dito se tivessem conhecido Fourier, que elaborou muitas outros acrobacias para o corpo. Uma vez superado o utopismo, essas extravagâncias deram lugar a noções mais racionais e, na verdade, muito mais radicais, e desde que a Alemanha, da maternidade piedosa de Heine, se tornou o centro do movimento socialista, zomba-se da indignação hipócrita do velho mundo aristocrático.

Esse é todo o conteúdo dogmático das epístolas. Quanto ao resto, elas incitam os camaradas à propaganda energética, à confissão orgulhosa e corajosa de sua fé diante de seus adversários, à luta incessante contra o inimigo de fora e de dentro; e nesse aspecto, elas também poderiam ter sido escritas por um entusiasta, um tanto profeta, da Internacional.

III

As epístolas missivas são apenas a introdução ao verdadeiro tema da comunicação do nosso João às sete comunidades da Ásia Menor e, por meio delas, a toda a judiaria reformada do ano 69, de onde posteriormente emergiu o cristianismo. E aqui entramos no santuário mais íntimo do cristianismo.

Entre quais pessoas os primeiros cristãos se recrutaram? Principalmente entre os "cansados e sobrecarregados", pertencentes às camadas mais baixas do povo, como convém a um elemento revolucionário. E de quem essas camadas eram compostas? Nas cidades, por homens livres decaídos – todo tipo de pessoas semelhantes aos "mean whites" dos estados escravistas do Sul, a aventureiros e vagabundos europeus das cidades coloniais marítimas e chinesas, depois por libertos e principalmente por escravos; nos latifúndios da Itália, Sicília e África, por escravos; nas áreas rurais das províncias, por pequenos camponeses cada vez mais endividados. Não havia um caminho comum de emancipação para tantos elementos diferentes. Para todos, o Paraíso perdido estava atrás deles; para o homem livre decaído, a pólis, cidade e estado em conjunto, dos quais seus ancestrais haviam sido cidadãos livres no passado; para os prisioneiros de guerra, escravos, a era da liberdade antes da subjugação e da captura; para o pequeno camponês, a sociedade gentia e a comunidade do solo foram destruídas. A mão de ferro do romano conquistador derrubou tudo isso. O agrupamento social mais significativo que a antiguidade conseguiu criar foi a tribo e a confederação de tribos relacionadas, baseadas nos clãs de parentes, entre os bárbaros, e entre os gregos, fundadores de cidades, e os italiotas, na pólis, compreendendo uma ou várias tribos. Filipe e Alexandre deram à península helênica a unidade política, mas isso não resultou na formação de uma nação grega. As nações só se tornaram possíveis após a queda do império mundial romano. Este pôs fim de uma vez por todas aos pequenos agrupamentos; o poder militar, a jurisdição romana, o aparato de coleta de impostos, dissolveram completamente a organização interna transmitida. Além da perda da independência e da organização específica, havia o saque pelas autoridades militares e civis, que começavam por espoliar os subjugados de seus tesouros e, em seguida, emprestavam novamente a eles para poder pressioná-los novamente. O peso dos impostos e a necessidade de dinheiro resultante disso completavam a ruína dos camponeses, introduziam uma grande desproporção nas fortunas, enriqueciam os ricos e empobreciam completamente os pobres. E toda resistência das pequenas tribos isoladas ou das cidades à gigantesca potência de Roma era desesperada. Qual seria a solução para isso, qual refúgio para os subjugados, oprimidos e empobrecidos, qual saída comum para esses grupos humanos diversos, com interesses diversos ou opostos? Era necessário encontrar uma solução, mesmo que apenas um grande movimento revolucionário os abraçasse a todos.

Essa solução foi encontrada, mas não neste mundo. E, nas condições da época, apenas a religião poderia oferecê-la. Um novo mundo se abriu. A existência da alma após a morte corporal havia gradualmente se tornado um artigo de fé amplamente aceito no mundo romano. Além disso, a ideia de punições e recompensas para os falecidos, de acordo com as ações cometidas em vida, estava sendo cada vez mais aceita em todos os lugares. No entanto, em relação às recompensas, isso soava um pouco vago; a antiguidade era por natureza muito materialista para não valorizar infinitamente mais a vida real do que a vida no reino das sombras; entre os gregos, a imortalidade era considerada mais como um infortúnio. Veio o cristianismo, que levou a sério as punições e recompensas no além, que criou o céu e o inferno; e assim a porta foi aberta para levar os cansados e sobrecarregados deste vale de lágrimas ao Paraíso eterno. Na verdade, a esperança de uma recompensa no além era necessária para elevar o abandono do mundo e o ascetismo estoico-filoniano a um princípio ético fundamental de uma nova religião universal capaz de atrair as massas oprimidas.

No entanto, a morte não abre imediatamente esse paraíso celeste aos fiéis. Veremos que este reino de Deus, cuja capital é a Nova Jerusalém, não é conquistado nem se revela senão após formidáveis lutas contra as potências infernais. Agora, os primeiros cristãos imaginavam essas lutas como iminentes. Desde o início, nosso João designa seu livro como a revelação do que "acontecerá em breve"; logo depois, no versículo 3, ele diz: "Bem-aventurado aquele que lê e aqueles que ouvem as palavras desta profecia, pois o tempo está próximo"; à comunidade de Filadélfia, Jesus Cristo manda escrever: "Eis que venho em breve". E no último capítulo, o anjo diz que manifestou a João "as coisas que devem acontecer em breve" e ordenou: "Não esconda as palavras da profecia deste livro, pois o tempo está próximo"; e o próprio Jesus Cristo diz, duas vezes, nos versículos 12 e 20: "Eu venho em breve". Veremos mais adiante quão breve esse "breve" era esperado.

As visões apocalípticas que o autor agora coloca diante de nós são todas, em grande parte literalmente, emprestadas de modelos anteriores. Em parte dos profetas clássicos do Antigo Testamento, especialmente Ezequiel, em parte dos apocalipses judaicos posteriores, compostos de acordo com o protótipo do livro de Daniel, e principalmente do livro de Enoque, que já estava escrito, pelo menos em parte, naquela época. Os críticos demonstraram em detalhes de onde nosso João retirou cada imagem, cada prognóstico sombrio, cada praga infligida à humanidade incrédula, enfim, o conjunto de materiais de seu livro, de modo que não só ele demonstra uma pobreza de espírito incomum, mas também fornece a prova de que suas supostas visões e convulsões, ele não as viveu, nem mesmo em imaginação, como as descreveu.

Aqui está, em poucas palavras, o curso dessas aparições. João vê Deus sentado em seu trono, segurando um livro fechado com sete selos na mão; diante dele está o Cordeiro (Jesus) que foi morto, mas está vivo novamente, considerado digno de abrir os selos. A abertura dos selos é seguida por sinais e prodígios ameaçadores. No quinto selo, João vê debaixo do altar de Deus as almas dos mártires que foram mortos pela palavra de Deus: "e clamavam em alta voz, dizendo: Até quando, ó Soberano, santo e verdadeiro, não julgas e vingas o nosso sangue dos que habitam sobre a terra?". Então, a cada um deles é dada uma túnica branca e são encorajados a esperar um pouco mais; ainda restam outros mártires que devem ser mortos. Aqui, portanto, não se trata ainda da "Religião do amor" do "ame aqueles que te odeiam, abençoe aqueles que te amaldiçoam" etc., aqui a vingança é pregada abertamente, a vingança justa e honesta a ser extraída dos inimigos dos cristãos. E assim acontece ao longo do livro. Quanto mais a crise se aproxima, mais as pragas, os julgamentos caem do céu, e mais nosso João se alegra em anunciar que a maioria dos homens ainda não se arrepende, e recusa se penitenciar por seus pecados; que novas pragas devem cair sobre eles; que Cristo deve governá-los com um cetro de ferro e esmagar o lagar do vinho da ira de Deus, mas que ainda assim os incrédulos permanecem endurecidos. É um sentimento natural, longe de qualquer hipocrisia, que estamos em uma luta, e que na guerra como na guerra. Na abertura do sétimo selo, aparecem sete anjos com trombetas: toda vez que um anjo toca a trombeta, novos horrores acontecem. No sétimo toque de trombeta, sete novos anjos entram em cena, trazendo as sete taças da ira de Deus que são derramadas sobre a terra, e novamente chovem pragas e julgamentos, em grande parte uma repetição cansativa do que já aconteceu várias vezes. Então vem a mulher, Babilônia, a grande prostituta, vestida de púrpura e escarlate, sentada sobre muitas águas, embriagada com o sangue dos santos e dos mártires de Jesus, é a grande cidade que reina sobre os reis da terra. Ela está sentada sobre uma besta que tem sete cabeças e dez chifres. As sete cabeças são sete montanhas, são também sete "reis". Destes reis, cinco caíram; um é, o sétimo deve vir, e após ele vem um oitavo que surge dos cinco primeiros, que foi ferido de morte, mas foi curado.

Este reinará sobre a terra por 42 meses, ou três anos e meio (a metade de uma semana de anos de sete anos), perseguirá os fiéis até a morte e fará os profanos triunfarem. Então ocorre a grande batalha decisiva, os santos e os mártires são vingados pela destruição da grande prostituta, Babilônia, e de todos os seus apoiadores, ou seja, a grande maioria dos homens; o diabo é lançado no abismo, é amarrado por mil anos, durante os quais Cristo reina com os mártires ressuscitados. Quando os mil anos se completam, o diabo é solto: segue-se uma última batalha de espectros na qual ele é definitivamente derrotado. Uma segunda ressurreição ocorre, o restante dos mortos ressuscita e comparece diante do trono de

Deus (não do Cristo, observe bem) e os fiéis entram por um novo céu, uma nova terra e uma nova Jerusalém na vida eterna.

Da mesma forma que toda essa estrutura é construída com materiais exclusivamente judeus e pré-cristãos, ela oferece quase exclusivamente concepções judaicas. Desde que as coisas começaram a dar errado para o povo de Israel, a partir do momento em que se tornaram tributários da Assíria e da Babilônia, até sua sujeição aos Selêucidas, ou seja, de Isaías a Daniel, se profetizou, nos momentos de tribulação, um salvador providencial. No capítulo XII, 1 e 3 de Daniel, há a profecia da descida de Miguel, o anjo guardião dos judeus, que os livrará em sua angústia; "muitos dos que dormem no pó da terra despertarão", haverá uma espécie de juízo final, "e os que tiverem ensinado a muitos a justiça, brilharão como as estrelas, para sempre e sempre". Do cristianismo, há apenas a ênfase na iminência do reino de Jesus Cristo e na felicidade dos ressuscitados, especialmente dos mártires.

É à crítica alemã, e principalmente a Ewald, Lücke e Ferdinand Benary, que devemos a interpretação dessa profecia, na medida em que se relaciona com os eventos da época. Graças a Renan, ela penetrou em círculos além dos teológicos. A grande prostituta, Babilônia, significa, como já vimos, a cidade das sete colinas. Da besta sobre a qual ela está sentada, é dito em XVII, 9, 11: "As sete cabeças são sete montanhas. São também sete reis, cinco caíram; um é e o outro ainda não veio; e quando vier, ele deve permanecer por um curto período de tempo. E a besta que era e

CONTRIBUIÇÕES PARA A HISTÓRIA DO CRISTIANISMO PRIMITIVO

não é mais, também é um oitavo rei, ela vem dos sete, mas se encaminha para a destruição".

A besta é, portanto, o domínio mundial de Roma, representado sucessivamente por sete imperadores, dos quais um foi ferido de morte, não reina mais, mas foi curado e voltará para realizar o reinado da blasfêmia e da rebelião contra Deus. "E foi-lhe permitido guerrear contra os santos e vencê-los. Também lhe foi dada autoridade sobre cada tribo, língua e nação; de forma que todos os que habitam na terra a adorarão, cujos nomes não estão escritos no Livro da Vida do Cordeiro". "E faz com que todos, pequenos e grandes, ricos e pobres, livres e escravos, recebam uma marca, ou o nome da besta ou o número do seu nome. Aqui está a sabedoria. Quem tem entendimento, calcule o número da besta, pois é um número de homem, e o seu número é seiscentos e sessenta e seis" (Apocalipse XIII, 7.118).

Vamos apenas observar que o boicote é mencionado aqui como uma medida a ser usada pelo poder romano contra os cristãos – portanto, é claramente uma invenção do diabo – e passemos à questão de saber quem é esse imperador romano que já reinou, que foi ferido de morte e que retorna como o oitavo da série para desempenhar o papel do Anticristo.

Após Augusto, o primeiro, temos: 2, Tibério; 3, Calígula; 4, Cláudio; 5, Nero; 6, Galba. "Cinco caíram, ele está". Ou seja, Nero já caiu, Galba está. Galba reinou de 9 de junho de 68 a 15 de janeiro de 69. Mas assim que ele subiu ao trono, as legiões do Reno se rebelaram sob Vitelius, enquanto em outras províncias outros generais prepararam levantes militares. Em Roma, os pretorianos se rebelaram, mataram Galba e proclamaram Otão.

Dessa forma, nosso apocalipse foi escrito sob Galba, provavelmente no final de seu reinado, ou no máximo durante os três meses (até 15 de abril de 69) do reinado de Otão, o sétimo. Mas quem é o oitavo, que foi e não é mais? O número 666 nos dirá.

Entre os Semitas – Caldeus e Judeus – dessa época, havia uma arte mágica em voga, baseada no duplo significado das letras. Desde cerca de 300 anos antes da nossa era, as letras hebraicas eram também usadas como números: a = 4, b = 2, g = 3, d = 4, e assim por diante. Os adivinhos cabalistas somavam os valores numéricos das letras de um nome e, usando a soma total obtida, formando palavras ou combinações de palavras de igual valor numérico que continham induções, tentavam prever o futuro do portador do nome. Da mesma forma, palavras foram expressas nesse idioma numérico. Isso era chamado de arte grega, gematria, geometria; os caldeus que a exerciam como profissão, e que Tácito descreve como mathematikoi, foram expulsos de Roma.

Foi através dessa matemática que o número 666 foi produzido. Atrás dele está escondido o nome de um dos primeiros cinco imperadores romanos. Ora, Irineu, no final do século II, além do número 666, conhecia a variante 616, que também remonta a um período em que o enigma dos números ainda era conhecido. Se a solução se aplica igualmente aos dois números, a prova está feita.

Ferdinand Benary encontrou essa solução. O nome é Nero. O número é baseado em Nero César, a transcrição hebraica – conforme observado no Talmude e nas inscrições de Palmira – do grego Nerôn Kaisar, Nero imperador, que apareceu como legenda nas moedas de Nero cunhadas nas províncias orientais do império. Assim: n (nun) = 50, r (resh) = 200, o (vav) = 6, n (nun) = 50, R (resh) = 100, s (samech) = 60 e r (resh) = 200, total = 666. No entanto, ao usar a forma latina, Nero Caesar, o segundo n (nun) é omitido, e obtemos 666 - 50 = 616, a variante de Irineu.

Certamente, o Império Romano, nos tempos de Galba, estava em desordem. O próprio Galba, à frente das legiões da Espanha e da Gália, marchou sobre Roma para derrubar Nero; este fugiu e foi morto por um liberto. E não apenas os pretorianos em Roma, mas também os comandantes nas províncias, conspiravam contra Galba; em todos os lugares surgiam pretendentes ao trono, preparando-se para dirigir suas legiões para a capital. O império parecia entregue à guerra civil; sua queda parecia iminente.

Além disso, a notícia se espalhou de que Nero não estava morto, mas apenas ferido, que ele tinha se refugiado entre os Partos, que cruzaria o Eufrates e viria com um exército para inaugurar um novo e mais sangrento reinado de terror. A Acaia e a Ásia, em particular, foram abaladas por tais relatos. E exatamente no momento em que o apocalipse deve ter sido composto, um falso Nero apareceu, estabelecendo-se na ilha de Cítnos, a atual Thermia, no Mar Egeu, perto de Patmos e da Ásia Menor, até ser morto sob Otho. Não é surpreendente que entre os cristãos, sujeitos às primeiras grandes perseguições de Nero, a opinião tenha se espalhado de que ele deveria retornar como Anticristo, que seu retorno e uma tentativa nova e mais séria de exterminar a jovem seita seriam o presságio e o prelúdio do retorno de Cristo, da grande batalha vitoriosa contra as potências do inferno, do reinado de mil anos a ser estabelecido "em breve", cuja chegada certa fez com que os mártires enfrentassem a morte alegremente.

A literatura cristã dos dois primeiros séculos fornece evidências suficientes de que o segredo do número 666 era conhecido por muitas pessoas. Ireneu, que não o conhecia, sabia, por outro lado, como muitos outros até o final do século III, que a besta do Apocalipse significava Nero, que estava voltando. Depois, esse último vestígio se perde, e nosso apocalipse é entregue à interpretação fantasiosa de adivinhos ortodoxos; eu mesmo conheci pessoas idosas que, com base nos cálculos do antigo Johann Albrecht Bengel, esperavam o Juízo Final para o ano de 1836. A profecia se cumpriu ao pé da letra. Apenas o Juízo Final não atingiu o mundo dos pecadores, mas sim os intérpretes piedosos do Apocalipse. Pois, no mesmo ano de 1836, F. Benary forneceu a chave do número 666 e pôs fim a toda essa adivinhação, a essa nova gematria.

Do reino celestial reservado aos fiéis, nosso João nos oferece apenas uma descrição superficial. De acordo com os conceitos da época, a Nova Jerusalém é construída em um plano suficientemente grandioso: um quadrado de 1.200 estádios de cada lado = 2.227

quilômetros, mais do que a metade dos Estados Unidos da América, feita de ouro e pedras preciosas.

Deus habita lá, no meio dos Seus, e os ilumina em lugar do sol; a morte não existe mais, e não há mais luto, choro ou trabalho; um rio de água viva corre pela cidade, e nas margens cresce a árvore da vida, que dá doze frutos e produz seu fruto a cada mês, e as folhas da árvore são "para a saúde das nações" (como um chá medicinal, de acordo com Renan, *O Anticristo*, p. 452). Lá vivem os santos pelos séculos dos séculos.

Assim era o cristianismo em seu berço, a Ásia Menor, por volta do ano 68, tanto quanto o conhecemos. Não há indício da Trindade – em vez disso, o velho Jeová, uno e indivisível, do judaísmo decadente, onde ele se eleva do deus nacional judeu para o único, o primeiro Deus do céu e da terra, onde ele pretende dominar todas as nações, prometendo graça aos convertidos e exterminando os rebeldes sem misericórdia, fiel ao antigo "poupar os submissos e esmagar os orgulhosos". Assim, é Deus próprio quem preside o Juízo Final e não Jesus Cristo, como nos relatos posteriores dos Evangelhos e das Epístolas. De acordo com a doutrina persa da emanação familiar ao judaísmo decadente, Cristo é o Cordeiro emanado de Deus desde toda a eternidade, o mesmo ocorre com os "sete espíritos de Deus", embora ocupem uma posição inferior, e eles devem sua existência a uma passagem poética mal compreendida (Isaías XI, 2). Eles não são Deus nem iguais a Deus, mas estão submissos a Ele. O Cordeiro se oferece voluntariamente como sacrifício expiatório pelos pecados do mundo, e por esse ato elevado é promovido expressamente no céu; em todo o livro, esse sacrifício voluntário é considerado como um ato extraordinário e não como uma ação que emerge com necessidade do mais profundo do seu ser. É claro que toda a corte celestial dos antigos, querubins, anjos e santos, não falta. Para se constituir como religião, o monoteísmo sempre teve que fazer concessões ao politeísmo, desde o zoroastrismo. Entre os judeus, a conversão aos deuses pagãos e sensuais persistiu cronicamente até que, após o exílio, a corte celestial, moldada segundo o modelo persa, acomodou um pouco melhor a religião à imaginação popular. O cristianismo, mesmo depois de substituir o rígido e imutável Deus dos judeus pelo misterioso Deus trinitário, diferenciado em Si mesmo, não pôde suplantar o culto aos antigos deuses entre as massas senão pelo culto aos santos. Assim, o culto a Júpiter, segundo Fallmerayer, não se extinguiu no Peloponeso, na Mani, na Arcádia, senão até o século IX (História da Península de Moraia, I, p. 227). Somente a era burguesa moderna e seu protestantismo afastam os santos por sua vez e finalmente levam o monoteísmo diferenciado a sério.

Nosso "Apocalipse" não reconhece o dogma do pecado original nem a justificação pela fé. A fé destas primeiras comunidades, de disposição beligerante alegre, difere completamente daquela da igreja triunfante posterior; ao lado do sacrifício expiatório do cordeiro, a iminente volta de Cristo e a iminência do reino milenar constituem o conteúdo essencial; e o que as manifesta é a propaganda ativa, a luta incessante contra o inimigo de dentro e de fora, a audaciosa confissão das suas convicções revolucionárias diante dos juízes pagãos, o martírio corajosamente suportado na certeza da vitória.

Como vimos, o autor ainda não suspeita que seja algo além de judeu. Portanto, não há nenhuma alusão, em todo o livro, ao batismo; há também indícios de que o batismo é uma instituição da segunda era cristã. Os 144 mil judeus crentes são "selados", não batizados. Sobre os santos no céu é dito: "Estes são os que vieram da grande tribulação, e lavaram as suas vestes e as branquearam no sangue do Cordeiro"; nem uma palavra sobre o batismo. Os dois profetas que precedem a aparição do Anticristo (capítulo XI) também não batizam, e no capítulo XIX, versículo 10, o testemunho de Jesus não é o batismo, mas o espírito da profecia. Era natural, em todas essas circunstâncias, falar do batismo, se já tivesse sido instituído. Portanto, temos quase certeza de concluir que nosso autor não o conhecia e que ele só foi introduzido quando os cristãos se separaram definitivamente dos judeus.

Nosso autor também desconhece o segundo sacramento posterior – a eucaristia. Se, no texto de Lutero, Cristo promete a todo crente de Tiatira que perseverar na fé entrar em sua casa e fazer comunhão com ele, isso dá uma falsa aparência. No grego, lê-se deipnéso, "eu cearei (com ele)", e a palavra é corretamente traduzida nas bíblias inglesas e francesas. Não se fala da Ceia como um banquete comemorativo.

Nosso livro, com sua data tão singularmente autenticada, é indubitavelmente o mais antigo de toda a literatura cristã. Nenhum outro está escrito em uma língua tão bárbara, repleta de hebraísmos, construções impossíveis, erros gramaticais. Apenas teólogos profissionais ou outros historiadores interessados negam que os Evangelhos e os Atos dos Apóstolos sejam revisões tardias de escritos hoje perdidos, cujo núcleo histórico não é mais discernível sob a rica lenda, que as três ou quatro cartas apostólicas, ainda reconhecidas como autênticas pela escola de Tübingen, não representam mais, após a análise penetrante de Bruno Bauer, senão escritos de um período posterior ou, no melhor dos casos, composições mais antigas de autores desconhecidos, retocadas e embelezadas por muitas adições e interpolações. É ainda mais importante para nós possuir em nosso trabalho, cujo período de redação pode ser estabelecido a um mês aproximadamente, um livro que nos apresenta o cristianismo em sua forma mais rudimentar, na forma em que ele estava na religião do Estado do século IV, concluída em sua dogmática e mitologia, mais ou menos o que a mitologia ainda vacilante dos germânicos de Tácito é para a mitologia da Edda, completamente elaborada sob a influência de elementos cristãos e antigos. O germe da religião universal está lá, mas ele contém ainda indistintamente as mil possibilidades de desenvolvimento que se concretizam nas inúmeras seitas posteriores. Se esta parte mais antiga do cristianismo que se torna valiosa para nós é porque ela nos traz integralmente o que o judaísmo – sob a poderosa influência de Alexandria – contribuiu para o cristianismo. Todo o resto é acréscimo ocidental, greco-romano. A mediação da religião judaica monoteísta foi necessária para dar ao monoteísmo erudito da filosofia vulgar grega a forma pela qual ele poderia influenciar as massas. Uma vez encontrada essa mediação, ele só poderia se tornar uma religião universal no mundo greco-romano, continuando a se desenvolver para finalmente se integrar ao sistema de ideias a que esse mundo havia chegado.

SOBRE O AUTOR

Friedrich Engels nasceu em Barmen (Alemanha), em 28 de novembro de 1820 e faleceu em Londres (Inglaterra), em 5 de agosto de 1895. Foi empresário industrial e teórico revolucionário prussiano, nascido na atual Alemanha, que junto com Karl Marx, se destacou na elaboração e estudos sobre a teoria comunista, a partir do materialismo histórico e dialético.

Foi coautor de diversas obras com Marx, sendo que a mais conhecida é o *Manifesto do Partido Comunista* (1848). Ajudou a publicar, após a morte de Marx, os dois últimos volumes de *O Capital*, principal obra de seu amigo e colaborador. Engels organizou as notas de Marx em Teorias sobre a Mais-Valia, depois publicadas como o quarto volume de *O Capital*.

Em 1842 o Engels de 22 anos de idade foi enviado por seus pais para Manchester, Inglaterra, para trabalhar para o Ermen e Engels Victoria Mill em Weaste, que fazia linhas de costura. Assumiu por alguns anos a direção de uma das fábricas e, então, ficou impressionado com a miséria em que viviam os trabalhadores das fábricas de sua família. Fruto dessa indignação, Engels desenvolveu um detalhado estudo sobre a situação da classe operária na Inglaterra, que se torna a base de uma de suas obras principais: *A situação da classe trabalhadora na Inglaterra*, publicada em 1845.

Além desta obra, estão entre suas publicações: *A guerra camponesa alemã* (1850), *Anti-Dühring*

(1878), *Do socialismo utópico ao socialismo científico* (1880), *Dialética da natureza* (1880), *A origem da família, da propriedade privada e do Estado* (1883), *Ludwig Feuerbach e o fim da filosofia clássica alemã* (1886), *Contribuições para a história do cristianismo primitivo* (1895) e *Revolução e contrarrevolução na Alemanha* (1896).

Dados Internacionais de Catalogação na Publicação (CIP)

Engels, Friedrich

E48c   Contribuições para a história do cristianismo
primitivo / Friedrich Engels – São Paulo : Expressão
Popular ; Fundação Perseu Abramo, 2023.

72 p.
ISBN 978-65-5626-100-3 (Fundação Perseu Abramo
ISBN 978-65-5891-116-6 (Editora Expressão Popular)

1. Cristianismo - História 2. Movimento operário
3. Socialismo I. Título

Fundação Perseu Abramo
R. Francisco Cruz, 234 – Vila Mariana
CEP 04117-091
São Paulo – SP
Fone: (11) 5571 4299
www.fpabramo.org.br

Editora Expressão Popular
AL. Nothmann, 806 – Campos Elíseos
CEP 01216-001
São Paulo – SP
www.expressaopopular.com.br

| POLÍTICA | ECONOMIA | CULTURA | MEIO AMBIENTE | PÚBLICO | INTERNACIONAL | SOCIAL | PERIFERIAS | PODCAST | VÍDEOS | AGENDA |

INTERNACIONAL
Janela Internacional: retorno de brasileiros da Faixa de Gaza, Cuba e Afeganistão
da redação

Conteúdo recente

NAPP da FPA manifesta apoio a ministros

POLÍTICA
Em dezembro, Brasília recebe a Conferência Eleitoral do PT
da redação

PERIFERIAS
Dandara Tonantzin: a defesa das cotas, das mulheres e da negritude
da redação

FORMAÇÃO
Alunos e alunas do PT Compol: vejam como assistir as aulas gravadas
da redação

OPINIÃO
Pólis, espaço público
Luiz Marques

INTERNACIONAL
Janela Internacional: massacre em Cuba, Cuba e uma surpreendente viagem

POLÍTICA
CASB discute juventudes e disputas da sociedade
da redação

PERIFERIAS
Dandara Tonantzin: Nova Lei de Cotas ganhou legitimidade
da redação

Leia mais

formaçãoFPA — CLIQUE AQUI E ACESSE NOSSOS CURSOS

CASB discute juventudes e disputas da sociedade
Leia mais
novembro 14, 2023

Dandara Tonantzin: a defesa das cotas, das mulheres e da negritude
Leia mais
novembro 16, 2023

Em dezembro, Brasília recebe a Conferência Eleitoral do PT
Leia mais
novembro 16, 2023

Alunos e alunas do PT Compol: vejam como assistir as aulas gravadas
Leia mais
novembro 16, 2023

Publicações

Revista Reconexão Periferias – novembro 2023

Revista Reconexão Periferias – outubro 2023

REPATRIADOS

Edição nº 121 da Focus Brasil. Clique aqui para acessar o site da publicação. Nesta edição, o retorno dos brasileiros sobreviventes do massacre em Gaza e muito mais sobre conjuntura do Brasil. Leia também: ação contra as vacinas, novidades no PAC, FIES, segurança e muito mais.

Minha Casa, Minha Vida pode se estender para famílias com renda de até R$ 12 mil
Redação Focus Brasil

Pelo quarto mês seguido, taxa média de juros teve queda
Redação Focus Brasil

ACESSE AQUI TODAS AS EDIÇÕES DA REVISTA

TEORIAeDEBATE
Edição 237
Outubro/2023

Rediscutindo racismo, negritude e mestiçagem
Kabengele Munanga

Neoliberalismo, neofascismo e democracia
Antonio Albino Canelas Rubim

Argentina: o pulso ainda pulsa
Renato Martins

Abolição: inestimável contribuição de Mário Maestri
Emiliano José

NOPPE

NÚCLEO DE OPINIÃO PÚBLICA, PESQUISAS E ESTUDOS

- CASB | Relatório Executivo do Grupo de Trabalho Temático 5: Agronegócio, dinheiro, terra e cultura
- CASB | Relatório Executivo do Grupo de Trabalho Temático 8: Juventudes
- CASB | Relatório Executivo do Grupo de Trabalho Temático 9: Religiosidades
- CASB | Relatório Executivo do Grupo de Trabalho Temático 11: Negacionismo Climático
- CASB | Relatório Executivo do Grupo de Trabalho Temático 12: As Big Techs e o impacto na Democracia
- CASB | Relatório Executivo do Grupo de Trabalho Temático 01: As classes trabalhadoras
- Cultura política: percepções e valores da população brasileira não-polarizada
- Idosos no Brasil: Vivências, Desafios e Expectativas na Terceira Idade
- Percepções e valores políticos nas periferias de São Paulo
- Manifestações Março: Comparativo 2015/2016/2017
- Manifestações 2015/2016 – Comparativo
- Segurança Pública

ACESSE AQUI TODAS AS PESQUISAS E OS ESTUDOS DE OPINIÃO PÚBLICA

Visite o portal da Fundação Perseu Abramo
e baixe centenas de livros interessantes na seção
Estante!

Aqui você encontra muito conteúdo.
São livros, revistas, vídeos, cursos e muito mais.
Acompanhe a FPA nas redes sociais
e compartilhe com sua rede.

www.fpabramo.org.br